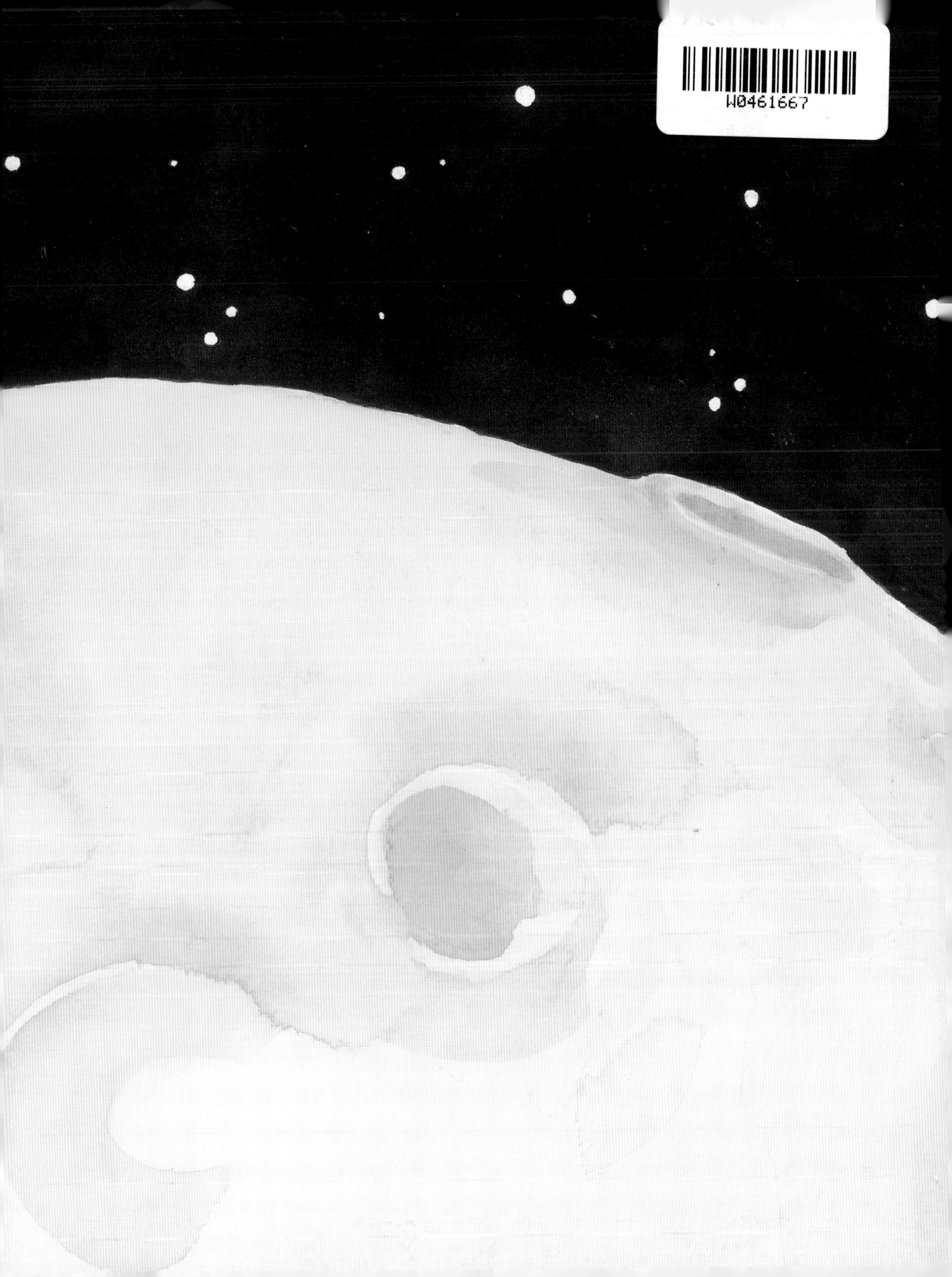

Sabine Rahn, geboren 1962, studierte Germanistik und Anglistik in Mannheim. Bevor sie sich als Autorin und Übersetzerin selbstständig machte, unterrichtete sie Deutsch für Ausländer, schrieb für eine Tageszeitung und arbeitete als Lektorin für einen Kinderbuchverlag. »Wie sagt man?« ist ihr erstes Bilderbuch bei ellermann.

Barbara Scholz, geboren 1969 in Herford, lernte zunächst den Beruf der Druckvorlagenherstellerin. Seit dem Abschluss ihres Design-Studiums in Münster arbeitet sie mit Freundinnen in einem kleinen Atelier und illustriert Kinderbücher für verschiedene Verlage.

Für Prinzessin Anne, Ritter Robin und Prinzessin Caroline, die kleine Erika, Räuber Burki, Udo, Christine und Leif, Astronautin Lilly, den Nies-Erinnerer Yannick, Laura und Annika, Oskar, Amanda und für alle anderen wohlerzogenen, höflichen Wegelagerer, Schlampergeister und Nachtgespenster, Zwerge, Riesen, Klammeräffchen, Schatzis, Kuschelmonster und Schokoschnuten …

Reproduktion: Domino Medienservice GmbH, Lübeck
Druck und Bindung: Proost N.V., Turnhout
Printed in Belgium 2005
ISBN 3-7707-5541-3

www.ellermann.de

Sabine Rahn

Wie sagt man?

Gutes Benehmen für
Riesen, Hexen, Piraten, Räuber, Ritter,
Prinzessinnen und Astronautinnen

Mit Bildern
von Barbara Scholz

ellermann

In letzter Sekunde quetscht sich ein Ritter in den vollen Bus. Der Drache rennt dem Bus noch ein Stückchen hinterher, aber er kann ihn nicht mehr einholen. »Das nächste Mal krieg ich dich, Balduin von Schokokuss!«, brüllt der Drache.

Der Ritter schiebt seinen verbeulten Helm zurecht und wischt sich mit einem qualmenden Taschentuch übers Gesicht. »Nächstes Mal ...?«, murmelt er. »Es gibt kein nächstes Mal. Die Sache ist mir zu heiß. Ich wechsle den Beruf. Ich werde Eisverkäufer!«

WIE SAGT MAN, wenn in einem voll besetzten Bus ein verbeulter, müder Ritter vor einem steht?

»Möchten Sie sich vielleicht hinsetzen?«, fragt Finn und steht auf. »Sie sehen müde aus.«
»Bin ich auch«, sagt der Ritter und setzt sich. »Danke. Wie nett von dir. Komm mich doch mal besuchen. Eis machen kann ich nämlich besser als gegen Drachen kämpfen!«
»Okay, mach ich«, sagt Finn. »Eis kann ich ganz viel essen, ich bin bestimmt ein sehr guter Eistester!«

Ausgerechnet in der Walpurgisnacht muss Caroline auf dem Blocksberg notlanden.

WIE SAGT MAN, wenn eine verärgerte Oberhexe schon drohend den Zauberstab schwingt?

Am besten sage ich erst einmal guten Abend!, denkt sich Caroline und nimmt all ihren Mut zusammen. »Guten Abend, ich heiße Caroline«, sagt sie. Dann schüttelt sie der verblüfften Oberhexe so höflich die Hand, dass ihr Zauberstab in hohem Bogen davonfliegt.

Caroline lächelt freundlich, und die Oberhexe ist sprachlos: So etwas ist ihr in all den 493 Jahren als Oberhexe noch nie passiert! Da vergisst sie sogar, dass sie Caroline eigentlich gerade in eine Kröte verwandeln wollte.

Guten Tag
sagen und
sich vorstellen

»Igitti!« Prinzessin Anne wischt sich eine Ladung Saft aus dem Gesicht.

WIE SAGT MAN, wenn verfressene Riesenraupen den Mund beim Sprechen so voll haben, dass man nur »Blubber« versteht?

»Nicht spucken, erst schlucken!«, sagt Prinzessin Anne zu den laut schmatzenden Riesenraupen. »Mit vollem Mund spricht man doch nicht!« Die dickste Raupe schluckt und rülpst. »Okay. Ich bin sowieso satt. Dann geh ich mich jetzt verpuppen.«
»Endlich!«, sagt Prinzessin Anne. »Als Schmetterlinge seid ihr Raupen mir sowieso viel lieber.«

Nicht mit vollem Mund sprechen

WIE SAGT MAN, wenn man aus Versehen den Bauklotzturm eines Drachenbabys umgeworfen hat?

»Tut mir Leid, kleiner Drache, das war wirklich keine Absicht!«, entschuldigt sich Ritter Robin.
»Uäh!« Das Drachenkind schluchzt kleine Rauchwölkchen, und Robin wird es immer heißer in seiner Rüstung.
»Komm, hör schon auf zu weinen«, bittet Ritter Robin. »Wir bauen deinen Turm zusammen wieder auf!«
»Echt?«, schnieft das Drachenkind und stößt sofort keine Rauchwölkchen mehr aus.
»Klar! Den bauen wir sogar noch höher als den ersten«, verspricht Robin.
»Au ja!«, jubelt das Drachenkind und sammelt die Bauklötze wieder zusammen.

Sich entschuldigen

Oskar ist zum Geburtstag beim Zwergenkönig Laurin eingeladen.
Es ist ein tolles Fest. Oskar gewinnt beim Sackhüpfen und beim Kirschkernweitspucken – nur beim Essen wird er nicht so richtig satt. Kein Wunder bei diesen Zwergenportionen!

WIE SAGT MAN, wenn man nach dem 39. Stück Schokoladentörtchen immer noch Hunger hat?

»Kann ich bitte noch Schokoladentorte haben?«, fragt Oskar zum vierzigsten Mal.
»Schon wieder du? Noch ein Stück?« Der Zwerg mit der großen Kochmütze starrt Oskar ungläubig an.
»Könnte ich bitte vielleicht sogar zwei oder drei Stücke haben?«, fragt Oskar.
»Warum nimmst du nicht gleich den ganzen Kuchen?«, ruft der Koch-Zwerg, denn so viele Stücke passen gar nicht auf Oskars Zwergenteller.
»Das ist eine gute Idee!«, sagt Oskar erfreut und beißt ein großes Stück von der leckeren Schokoladentorte ab.

Höflich fragen,
wenn man etwas
haben möchte

WIE SAGT MAN, wenn der Niessturm eines Riesen Bäume entwurzelt, Dächer abgedeckt und überraschte Rindviecher in fliegende Kühe verwandelt hat?

»Du hast es schon wieder vergessen, Faurus!«, sagt Yannick, als der Lärm sich endlich gelegt hat.

»Au weia«, flüstert der Riese mit einem schuldbewussten Blick auf die Nies-Zerstörung: »'tschuldigung! Das nächste Mal denke ich ganz bestimmt wieder dran, mir beim Niesen die Hand vorzuhalten«, verspricht er zerknirscht.

Eiw ettib?
Höflich nach dem Weg fragen

Zu Hause auf der Erde scheint immer nur ein einziger Mond, deshalb ist Lilly ganz schön verwirrt, als sie sieht, dass es im Weltall ganz viele Monde gibt.

WIE SAGT MAN, wenn man feststellt, dass man sich in den unendlichen Weiten des Weltalls verirrt hat?

»Entschuldigung, können Sie mir erklären, wie ich zum zweiten Jupitermond komme?«, ruft Astronautin Lilly einem grünen Männchen zu.
»Eiw ettib?«, sagt das Marsmännchen.
»Wie bitte?«, fragt Lilly. Dann fällt ihr ein: Klar, auf dem Mars spricht man natürlich kein Deutsch! Sie schaltet ihren Übersetzungscomputer ein und versucht es noch einmal. Diesmal versteht das grüne Männchen Lilly und Lilly das grüne Männchen.
»Von hier geradeaus und am siebten Ring des Uranus links«, erklärt das Marsmännchen. »Dann siehst du die Jupitermonde auch schon!«
»Danke!«, ruft Lilly und winkt dem grünen Männchen beim Wegfliegen noch einmal freundlich zu.

Fragen,
ob man
aufstehen
darf

Das siebenköpfige Monster Multicephalus hat Annika und Laura zum Essen eingeladen.

WIE SAGT MAN, wenn man feststellen muss, dass man von seinem Gastgeber als Nachtisch vorgesehen ist?

»Dürfen wir jetzt aufstehen?«, fragt Annika. »Ich glaube, wir möchten heute lieber kein Dessert.«
»Na gut«, grollt der zweite Kopf von Multicephalus.
»Hey, unser Nachtisch geht!«, beschwert sich der siebte Kopf.
»Wieso hast du ihnen überhaupt erlaubt aufzustehen?«, fragt der dritte Monsterkopf den zweiten vorwurfsvoll.
»Weil sie doch so höflich gefragt haben!«, verteidigt der sich.
»Höflichkeit hin, Höflichkeit her«, murrt der dritte Kopf. »Ich will meinen Nachtisch!«
»Genau!«, sagt der vierte. »Wir könnten sie doch trotzdem fressen ...«
»Oh ja! Mit Schokosoße!«, sagt der erste Kopf und leckt sich schon die Lippen.
»Komm schnell!«, flüstert Laura Annika zu. »Lass uns gehen, solange sie sich noch streiten.«

Es ist Flaute, kein Wind bläht die Segel - nicht einmal die Piratenflagge flattert. Die Mannschaft liegt in den Hängematten und döst.
Amanda, der Schrecken der sieben Weltmeere, langweilt sich.
»Los, spiel mit mir!«, sagt Amanda zum Schiffskoch.
»Jetzt nicht«, brummt der Koch. Er spielt gerade Schach gegen den Steuermann.
»Komm schon!«, drängelt Amanda. »Mir ist so schrecklich langweilig.«
»Amanda, ich hab dir schon hundertmal gesagt, dass du mich beim Schach nicht stören sollst!«, knurrt der Schiffskoch. »Du siehst doch, ich muss mich konzentrieren.«
»Ich will aber, dass du jetzt sofort ...«, quengelt Amanda trotzdem weiter.
»Verflixt und zugenäht!«, flucht der Koch. Der Steuermann hat ihm gerade die Königin weggenommen. »Jetzt hab ich wegen dir verloren!«

WIE SAGT MAN, wenn man als Schrecken der sieben Weltmeere dem Schiffskoch ein Schachspiel vermasselt hat, weil man ständig dazwischengeredet und genörgelt hat?

»Tut mir Leid«, sagt Amanda kleinlaut. »Das wollte ich wirklich nicht! Ich glaube, ich werde jetzt lieber auch ein bisschen in meiner Hängematte dösen. Und wenn du das nächste Spiel gewonnen hast, werde ich dir mein Lieblingspiratenlied vorsingen!«

Räuber Burki hat gerade eine Bank überfallen.

WIE SAGT MAN, wenn man sieht, dass jemand so bepackt ist, dass er nicht mal mehr eine Hand frei hat, um die Tür zu öffnen?

»Soll ich Ihnen tragen helfen?«, fragt Erika. »Ihre Säcke sehen ja ziemlich schwer aus.«
»Nein, nicht nötig!«, ruft Räuber Burki. Er sieht sie erschrocken an und packt seine Beute fester: einen Sack voller Geld und einen Sack voller Juwelen. Die gibt er doch nicht einfach so aus der Hand!
»Aber du könntest mir die Tür aufhalten«, bittet er.
»Klar, mach ich gerne!«, sagt Erika hilfsbereit.
»Vielen Dank!«, ruft Burki und rennt, so schnell er kann, damit er die Straßenbahn noch erwischt.

BANK
Hilfe
anbieten

Schlabberschlub und Schliebelschlei sind vorbildliche Schlampergeister. Ihre spukfeinsten Spukgewänder sind immer ordentlich staubig und bekleckert. Ihre Hände sind wunderbar klebrig, und an den Spuren rund um ihren Mund kann man genau feststellen, ob sie zuletzt Schokoladeneis gegessen oder Kirschsaft getrunken haben. Auf den Zähnen der beiden wachsen kleine rosa Algenblümchen – denn die Zähne putzen sie sich selbstverständlich nie. Ihre Schlampergeistereltern sind zu Recht stolz auf ihre wohlgeratenen Kinder!
Aber leider haben die Geschwister ein neues Lieblingsspiel entdeckt: Waschmaschinenkarussell fahren!

WIE SAGT MAN, wenn Schlampergeisterkinder nach einer Runde Schonwaschgang auf einmal strahlend weiß und porentief rein sind?

»Ihr wollt euch doch nicht etwa sooo an den Tisch setzen?«, fragt die Schlampergeistermama entsetzt.
Schlabberschlub und Schliebelschlei schauen auf ihre sauberen Hände.
»Na gut«, sagt Schlabberschlub, »dann nehmen wir eben erst noch ein kurzes Schlammbad.«
»Und beim Essen bekleckern wir uns dann auch ganz bestimmt mit Kakao und Salatöl!«, verspricht Schliebelschlei.

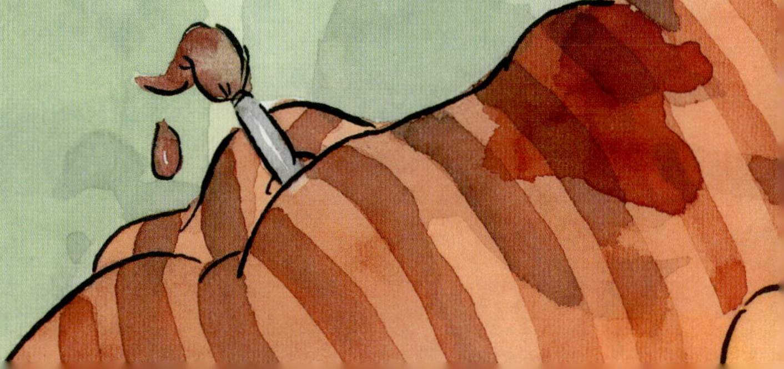

Hände waschen
vorm Essen
PLIM

Wattewolkenschlachten sind das Größte für die drei Engelchen Mina, Marie und Udo. Sie juchzen so laut, dass die Teufelchen Franz, Albert, Horst und Ilse neugierig nach oben fliegen.

WIE SAGT MAN, wenn man unbedingt bei einer himmlischen Wattewolkenschlacht mitmachen will?

»Dürfen wir mitspielen?«, fragen die vier Teufelchen.
Mina schüttelt ihre goldenen Locken. Nee!, will sie gerade sagen, ihr seid zu schwarz! Doch da hat sie schon einen rußigen Wolkenball auf ihrem weißen Hemdchen. »Also gut!«, ruft Mina. »Jetzt gilt's: Himmel gegen Hölle!«

Solche Wattewolkenschlachten machen hungrig. »Was riecht hier nur so lecker?«, fragt Engelchen Udo nach einer Weile und schnüffelt. Es sind die Kartoffeln, die im Höllenfeuer rösten.

WIE SAGT MAN, wenn etwas so höllisch gut riecht, dass man unbedingt davon probieren möchte?

»Gebt ihr uns auch etwas ab?«, fragt Engelchen Marie.
Nee, will Teufelchen Albert gerade sagen. Ihr seid zu weiß. Da fegt ein Windstoß in die rußige Asche, und die Engelchen werden rabenschwarz. Teufelchen Franz lacht und holt für sie ein paar heiße Kartoffeln aus dem Feuer.

Rasen
betreten
verboten